LAMBESC

CENTENAIRE

DU JUBILÉ DE 1826

ET DE

l'Érection du Calvaire

Chanoine Firmin OLLIVIER

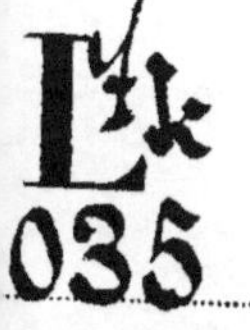

LAMBESC

CENTENAIRE

DU JUBILÉ DE 1826

ET DE

l'Érection du Calvaire

Chanoine Firmin OLLIVIER

IMPRIMATUR

Aix-en-Provence, le 18 Mars 1926.

† MAURICE

Arch. d'Aix.

Place du Sceau Archiépiscopal

ARCHEVÊCHÉ
D'AIX
ARLES & EMBRUN

Aix, le 18 Mars 1926.

Monsieur le Chanoine

Monseigneur l'Archevêque est heureux de vous donner lui-même l' « Imprimatur » que vous demandez.

Il vous envoie aussi, sa paternelle bènédiction, pour vous et pour votre pieuse brochure.

Puisse votre récit exciter les paroissiens de Lambesc à se montrer toujours dignes de leurs ancêtres en célébrant le jubilé de 1926, comme leurs pères en 1826, avec la même piété et la même ardeur chrétienne !

Avec mes meilleurs compliments, veuillez agréer, Monsieur le Chanoine, l'expression de mon religieux respect.

Pierre SOUILLAC
Ch. h. sec-partic de Mgr.

Lambesc, 13 Mars 1926.

Cher Monsieur le Curé,

L'année 1926 est le centenaire du Jubilé qui fut prêché en 1826 et de l'érection du Calvaire qui en perpétue le souvenir. A cette occasion j'ai concentré dans quelques pages les divers détails que j'avais recueillis, déjà çà, et là, dans les registres de la paroisse, au sujet de cette double et magnifique manifestation.

Mon intention est de publier le résultat de mes modestes recherches, et de les distribuer, moyennant une modique rétribution, destinée à couvrir les frais d'impression, à vos chers paroissiens, mes compatriotes, qui, je l'espère, pourront en être édifiés.

Par juste déférence à votre égard, je n'ai pas voulu le faire sans votre assentiment, lequel j'en suis sûr, me sera pleinement acquis.

Croyez-moi, bien vénéré Confrère, bien cordialement à vous en N.-S.

OLLIVIER
Chanoine honoraire

Lambesc, le 14 Mars 1926.

Mon cher Chanoine,

Votre déférence à mon égard me touche plus qu'elle ne m'étonne, car je connais vos sentiments délicats et j'ai une certaine joie à répondre à votre lettre de dédicace par quelques mots que me dictera moins le confrère et l'ami que je vous suis que le pasteur de la paroisse pour laquelle vous avez écrit votre très opportune petite brochure.

Après avoir laissé à Calas un souvenir de votre plume dans une notice suggestive sur celui qui est aujourd'hui le bienheureux Imbert ; à Gignac, une monographie très documentée de ce pays, vous tenez à laisser à Lambesc un autre souvenir qui nous sera bien précieux et qui est l'histoire de ce beau chemin de Croix qui est un ornement de ce charmant pays en même temps qu'un monument admirable de la foi des habitants d'il y a un siècle.

Enfant de Lambesc, estimé et aimé si justement de tous vos concitoyens, vous semblez, Monsieur, plus qualifié que tout autre pour nous retracer, en pages pleines de cœur et de fidélité, comment fut érigé ce beau chemin de Croix, en 1826, époque si mémorable d'un renouveau religieux de toute la Provence, grâce au jubilé qui fut donné alors par des célèbres missionnaires, et comment ce chemin de croix, après cinquante ans d'existence, fut reconstitué ou remis à neuf par une population toujours très fervente.

En lisant vos pages, les arrières petit-fils de ces hommes si fiers d'être chrétiens, sentiront revivre en eux les sentiments qui les animaient et voudront s'en montrer dignes encore. Et de la sorte, Monsieur le Chanoine, le jubilé de 1926 aura un retentissement dans les âmes. Il voudra faire écho à celui de 1826, et je vous devrai une des plus douces consolations de mon ministère à Lambesc, comme je vous dois déjà le si doux réconfort d'une amitié qui ne saurait vieillir.

Daignez agréer, mon cher Chanoine, l'assurance de mes meilleurs sentiments.

L. GUIRAMAND,

Chanoine, curé doyen de Lambesc

CENTENAIRE
du JUBILÉ de 1826
et de l'Érection du Calvaire

C'était en 1826. Il y a donc cent ans! La population de Lambesc, alors si religieuse, était toute en mouvement. Un jubilé solennel battait son plein, exaltant dans les cœurs le plus saint enthousiasme. Les archives paroissiales en ont consigné les précieux détails, et, c'est après les avoir consultées avec un soin minutieux que nous avons cru opportun de relater le résultat de nos recherches, comme étant dignes d'intéresser nos chers concitoyens. Ils verront combien purs et surnaturellement élevés étaient les sentiments de leurs pères. Leurs œuvres attestent en effet avec la plus vive éloquence l'ardeur admirable de leur foi.

Il ne nous paraît pas inutile de rappeler d'abord qu'au commencement du règne de Charles X la religion avait pris un grand essor au milieu des populations énervées des troubles sanglants de la Révolution. Dans toutes les parties de la France, depuis les plus grands centres jusqu'aux recoins les plus obscurs, les religieux et le clergé rivalisaient de zèle pour remuer les âmes et les porter vers Dieu. Ils organisèrent partout des retraites, des jubilés et des missions. Le sermon de la Passion le vendredi saint, faisait foule dans les églises.

Les jubilés s'étant ainsi généralisés, Lambesc devait avoir le sien. Il l'eut en effet, et, c'est pour en perpétuer le souvenir qu'on décida l'érection solennelle d'un grand Chemin de Croix en plein air.

Un Comité se forma en dehors du Clergé pour recueillir les fonds nécessaires à la réalisation du projet. Le Conseil Municipal voulut avoir sa large part et alloua la somme de mille francs sur son budget de 1826.

L'emplacement de ce beau calvaire était tout indiqué.

Au Nord de Lambesc, en effet, en arrière du cimetière qui repose paisiblement à sa base, s'élève un gracieux monticule dont le sommet domine une vaste et riante vallée. C'est le point central d'un magnifique panorama où l'œil contemple avec plaisir les terrains les plus accidentés : vergers, prairies, champs ensemencés, rochers tantôt nus, tantôt recouverts d'un tapis de verdure sur lequel s'étalent l'hysope, le thym et une luxueuse variété de plantes odoriférantes. Par sa position, ses détours, son superbe horizon et son rapprochement du pays, ce lieu semblait naturellement prédestiné à représenter le grand drame du Calvaire.

Mais il n'était pas entièrement communal et on ne pouvait rien faire sans l'agrément de celui à qui en appartenait la majeure partie. La question, à peine posée, fut aussitôt résolue; car, la famille Martin Jaubert, si hautement connue et appréciée dans le pays par sa générosité et l'excellence de ses sentiments religieux, en étant la propriétaire, se fit au point d'honneur de céder tous ses droits à perpétuité en faveur de l'érection du Chemin de Croix, s'attirant ainsi la double reconnaissance de la municipalité et de la population.

Dès ce moment les travaux commencent. On voit des hommes de bonne volonté se dévouer pour tracer de la base du monticule à son sommet un chemin spacieux pour que le peuple puisse s'y presser en foule. Ici, ils martellent le roc qui s'avance trop en saillie; là, ils dressent un mur de soutènement, ou disposent les terrains en forme de talus, en ayant soin de déblayer l'endroit destiné à l'emplacement de chacune des croix.

Sur le sommet, ils construisent, comme on la voit toujours, une grande voûte dont l'intésieur devait servir de chapelle. Sur sa forme arrondie ils accumulent avec symétrie des blocs de pierres. Un escalier rustique conduisait extérieurement jusqu'à la plate-forme de la Croix principale. Au centre, et préservé par une balustrade en fer, un piédestal fut dressé pour supporter la Croix.

Enfin, voici arrivé le jour si ardemment désiré de l'inauguration. L'enthousiasme est à son comble. La population, sans distinction d'âge et de sexe est comme électrisée ! Les hommes rivalisent de zèle pour avoir l'honneur de porter processionnellement, chacun à leur tour et jusqu'au sommet, cette croix en bois, insigne vénéré de notre Rédemption. Au moment où on l'élève pour la fixer sur son piedestal une immense acclamation retentit dans les airs : Vive le Christ ! Vive le Christ !

Ce fut un beau jour de triomphe pour le Christ et la Religion.

Pour en perpétuer la mémoire dans les familles on distribua à profusion une belle gravure, dûe au burin d'un graveur de renom de la ville d'Aix, le sieur Reynaud. Elle représentait le mamelon du Calvaire avec son aspect rustique et ses quatorze croix en bois. Cette gravure existe encore dans plusieurs familles, mais elle devient plus rare avec les temps. Au dessous de la gravure se trouvait imprimée en caractères très apparents la mention suivante ; « Ce monument, érigé pendant le jubilé de 1826

« est dû à la générosité et au zèle des habitants
« qui par leurs dons et leurs travaux ont contri-
« bué à le rendre digne de la Religion ».

A cette époque le vénérable curé de la paroisse était Monsieur l Abbé Joseph Perrache nommé titulaire de cette cure à l'âge de soixante cinq ans. Il l'administra pendant treize ans, de 1814 au 16 novembre 1827, date de sa mort. Il eut la consolation de créer bien des œuvres et notamment d'organiser cette magnifique mission à laquelle prit part toute la paroisse et où tous les hommes firent la Sainte Communion. Il mourut à l'âge de soixante-dix-huit ans. Il fut inhumé dans le cimetière de Lambesc au milieu de ses paroissiens qui le vénéraient et l'aimaient comme le meilleur des pères.

Le R. P. Aubert avait été désigné pour prêcher la Mission. Il dépensa son zèle sans compter et voici en quels termes élogieux le Conseil de fabrique dans sa séance du vingt juin 1820 consigna l'expression de sa reconnaissance.

« Le Conseil de fabirque reconnaissant le
« zèle au dessus de tout éloge déployé par le
« le P. Marius Aubert pendant les exercices du
« jubilé et pénétré de la plus vive gratitude
« pour tout le bien qu'il a fait et les services
« qu'il a rendus à la Religion et à la Société
« dont elle est la base, saisit avec empresse-
« ment la nouvelle occasion qui lui est offerte
« de consigner d'une manière authentique

« l'expression de ses sentiments, ainsi que « l'hommage de ses remerciements pour tous « les soins et les peines qu'il a prises et qu'il « continue avec la même activité et le même « dévouement ».

Ajoutons que cette mission fut donnée gratuitement, le P. Aubert ayant reçu de son supérieur, le R. P. Charles, l'ordre de ne rien accepter et d'affecter les honoraires à la Croix du Calvaire.

Nous avons dit que ni le Conseil de fabrique ni le Clergé n'avaient eu l'initiative du projet d'érection du Calvaire. Le Conseil de fabrique toutefois intervint en dernier ressort. « Quoique étranger, dit-il dans sa délibération du 7 janvier 1827, à la commission et à l'érection du monument ».

La paroisse n'eut plus de mission jusqu'en 1851, année jubilaire.

Elle fut prêchée par le P. Vincent, supérieur des Pères Oblats de Marie, aidé des pères Brun et Chauvet. L'ouverture se fit le 5 janvier par une procession générale. Elle dura trente jours Il y eut deux communions, celle des femmes et celle des hommes qui eut lieu pour la fête de la Purification. Plus de 400 hommes s'approchèrent de la table sainte.

La Mission fut cloturée par une belle procession au Calvaire où des croix en fer remplacèrent celles en bois. Les hommes se disputaient l'honneur de les porter. Elles furent indulgenciées, au milieu d'une foule immense, par le R. P. supérieur en vertu d'un indult de Rome, et une Croix jubilaire fut élevée au pied du Calvaire avec cette inscription : Jubilé de 1851.

A cette procession assistait officiellement comme lors du premier jubilé le Conseil Municipal, M. Moulin était maire et MM. Liotard et Allemand étaient adjoints.

Cette seconde mission fut le digne couronnement des œuvres de Monsieur Félix Cattelin, alors curé, et qui fut nommé, à la suite de cet événement, chanoine titulaire. Il avait été curé de Lambesc pendant 16 ans.

O vous tous qui venez de lire le récit de ces deux jubilés dont le second sert de complément au premier, nous vous savons unanimes à faire cette réfléxion:« Depuis lors, les temps sont bien changés!» Et avec vous nous disons avec tristesse; C'est profondément vrai. Mais quiconque est au courant de l histoire, en connait le perpétuel renouveau, surtout sous le rapport religieux. Comme la barque chancellante de Pierre, aujourd'hui la religion semble devoir sombrer sous les rudes assauts de l'impiété; demain elle triomphe plus rayonnante que jamais. Cette superbe inscription de l'obélisque de la place Saint-Pierre à Rome qui atteste la Royauté du Christ sur le monde a sa pleine réalisation ; Le Christ vit! Le Christ règne! Le Christ a vaincu! Loin de désespérer, que chacun prenne donc courage et songe à sauver son âme. Tout est là !

Nous avons relaté que la Croix principale de 1820 portée triomphalement par les hommes jusqu'au sommet du Calvaire était en bois. Pour plus de solidité et de durée elle fut remplacée en 1842 par une Croix en fer faite par les frères Courbon, serruriers à Lambesc.

Les autres croix en bois ne furent changées qu'en 1851. Elles avaient été indulgenciées le 1er février 1834, en vertu d'un rescrit de sa Sainteté Léon XII, par Monsieur le Chanoine Chambarel, vicaire de Lambesc pendant 18 ans (1810-1834) qui venait d'être nommé curé de la paroisse du Saint-Esprit en même temps que son curé, Monsieur le chanoine Christoc était lui-même nommé de la cure de Lambesc à celle de la Madeleine d'Aix.

Ainsi finit notre récit. Puisse-t-il vous faire admirer la foi de nos pères. Puisse-t-il surtout la faire revivre dans vos cœurs. C'est le meilleur vœu que nous formons avec ardeur pour votre bonheur à tous.

Votre compatriote dévoué.

F. OLLIVIER, Chanoine Honoraire.

IMPRIMERIE DU SUD-EST
50, RUE NATIONALE, 50
MARSEILLE

www.ingramcontent.com/pod-product-compliance
Lightning Source LLC
LaVergne TN
LVHW052036160826
845678LV00003B/1371

9782329621685